Buenos Aires

lieben lernen

Der perfekte Reiseführer für einen unvergessli-chen Aufenthalt in Buenos Aires inkl. Insider-Tipps und Packliste

Marlinde Fuchs

✈ INHALT

Das erwartet Sie in diesem Buch

Liegen Sie gerade auf dem Sofa oder im Bett und denken über das perfekte Reiseziel für die nächsten Ferien nach? Sie wollen Begeisterung und Erinnerungen, die Sie nie vergessen werden? Egal, ob allein, mit Familie oder mit Freunden? Dann sind Sie hier genau richtig. *Bienvenido*! Im wunderschönen und vielfältigen Buenos Aires finden Sie alles, um ein Abenteuer der Extraklasse zu erleben. Ist das teuer? Keineswegs. Schon ab 570 Euro kriegt man ein Ticket für den Hin- und

Rückflug. Die 13 Millionen-Einwohner-Metropolregion des Landes Argentinien, die 8-mal größer als Deutschland ist, hat viel zu bieten. Luxushotels oder Hostels passend zu Ihrem Budget sind im Zentrum und auch in den ruhigeren Gegenden zu finden. Zudem besitzt Buenos Aires ein ausgezeichnetes Verkehrsnetz. Ob Taxi, Bus oder U-Bahn: Ihr Ziel ist ganz einfach erreichbar und dies zu unfassbar günstigen Preisen. Von kulinarischen Feinheiten für den Feinschmecker über kulturelle Feste und Buchmessen bis zu atemberaubenden Sehenswürdigkeiten und unvergesslichen Momenten kann man hier alles erleben. Ein Muss für jeden Reiseliebhaber.

Tipp: Psst! Nicht weitererzählen. Was kaum einer weiß: In Buenos Aires befindet sich die breiteste Allee der Welt – die *„Avenida de Mayo"* oder auch Maiallee. Sie ist perfekt geeignet, um das Rege argentinische Leben mit den eigenen Augen zu erleben und um den einen oder anderen Spaziergang zu tätigen. Vergessen Sie dabei nicht, den Obelisk von Buenos Aires zu besuchen und die 200 Treppen hochzusteigen. Ich kann Ihnen aus eigener Erfahrung sagen, der Blick von dort oben ist mehr als faszinierend. Es gibt einem das Gefühl, den Himmel berühren zu

können und frei wie ein Vogel zu sein. Wenn Sie be-
geistert sind, dann kommen Sie mit auf einen kleinen
Ausflug zum bezaubernden Buenos Aires.

Die Chroniken von Buenos Aires

Buenos Aires hieß nicht immer so. Im Februar 1536 wurde Buenos Aires unter dem Namen *Santa Maria del Buen Ayre* gegründet. 1541 verließ der Gründer Pedro de Mendoza *Buen Ayre*, weil er den Standort für suboptimal hielt. Er zog weiter zur von Mendozas Offizier gegründeten Siedlung Asunción – die heutige Hauptstadt von Paraguay – und ließen die Siedlung *Santa Maria del Buen Ayre* verlassen zurück. *Buen Ayre* wurde aber 1580 von Juan de Garay wiederbesiedelt und somit neugegründet. Der 11.06.1580 wurde zum offiziellen Gründungstag. De Garay legte ein gitterähnliches Straßennetz an, das heute noch existent ist. Die ersten Menschen, die *Buen Ayre* besiedelten, waren Kreolen. Diese waren Kinder europäischer Einwanderer aus Asunción, die in Südamerika geboren wurden. Sie bauten die ersten Lehmwege und -häuser. Der wirtschaftliche Erfolg dieser Stadt hing schon immer vom Leder- und Kuhfellhandel ab, da den Bewohnern der Handel mit anderen Gütern verboten wurde. Die Siedlung diente nur als Verbindungsweg zu den Silberminen von Potosí. Zudem waren um 1800 ein Viertel der Bewohner Sklaven aus Afrika, da auch Sklavenhandel erlaubt war.

Durch diese begrenzten Handelsmöglichkeiten wuchsen der Schmuggel und Schwarzhandel. 1776 wurden die spanischen Kolonialgebiete in Amerika umstrukturiert. Vier Vizekönigreiche (heute Argentinien, Bolivien, Paraguay und Uruguay) wurden gebildet und *Buen Ayre* zur Hauptstadt gewählt. Die Handelsbeschränkungen verfielen und *Buen Ayre* entwickelte sich zu einem wichtigen Handelszentrum. Zudem wurde die Stadt auch Mittelpunkt politischer Ereignisse. 1806 wurde *Buen Ayre* von Briten besetzt, die in Folge der Einnahme Spaniens durch die napoleonische Armee Spanien zu ihren Feinden zählte. Die Verwaltungsoberschicht sowie der Vizekönig flüchteten aus der Stadt. Die *Patricios* – eine Gruppe von bewaffneten Einheimischen – eroberten, mit General Santiago de Liniers an der Spitze, die Stadt zurück. Ein erneuter Angriff der Briten ein Jahr später scheiterte. *Buen Ayre* wurde uneinnehmbar. Noch heute erinnern die Straßen *Reconquista* („Rückeroberung") und *Defensa* („Verteidigung") an die glorreichen Ereignisse von 1806 und 1807. Diese Ereignisse stärkten das Selbstbewusstsein der Bürger und der Wunsch nach Unabhängigkeit von Spanien flammte auf. 1810 fingen die ersten Proteste auf dem *Plaza de Mayo* an, die eine demokratische Vertretung der Bürger forderten.

Letztendlich wurde am 25. Mai 1810 der Vizekönig vertrieben und die Unabhängigkeit ausgerufen. Der Legende nach ging an diesem Tag die Sonne auf, die lange von Regen und schlechtem Wetter ersetzt worden war. Diese *Sol de Mayo* ist auf der argentinischen Flagge heute noch zu sehen. Am 9. Juli 1816 war Argentinien völlig von Spanien gelöst und wurde zu den *Provincias Unidas del Río de la Plata*.

Innerhalb dieses Staates formierten sich die konservativen Föderalisten und die technokratischen Unitaristen. Der Stierkampf wurde verboten, *Buen Ayre* wuchs und wurde wirtschaftliches Zentrum von Südamerika. Die Kathedrale von Buenos Aires wurde zum ersten neuartigen Bauwerk, die von der europäischen Architektur geprägt wurde.

Viele Bauwerke, die die europäische Architektur als Grundlage nahmen, folgten. Das Nachahmen der europäischen Baukunst wurde zu einem Merkmal von Buenos Aires. 1829 kam der Föderalist Juan Manuel de Rosas an die Macht, die diktatorisch geprägt war. De Rosas wurde zum ersten argentinischen „Führer" und verbesserte die Infrastruktur maßgeblich. 1852 wurde de Rosas von Justo José de Urquizas Truppen gestürzt und die Unitaristen kamen an die Macht. *Buen Ayre* ähnelte zunehmend europäischen Städten, da die Unitaristen ein Fable für Europa hatten. 1583 bildete sich die argentinische Konföderation, deren Mitglied die Provinz Buenos Aires nicht sein wollte. Letztendlich wurde die Stadt 1859 Mitglied und 1880 offiziell Hauptstadt von Argentinien. Aufgrund einer hohen Immigrationswelle ab der Mitte des 19. Jahrhunderts stieg die Population von

Buenos Aires auf 250.000. 90 % der heutigen argentinischen Bevölkerung haben daher europäische Vorfahren. Der Immigrationswelle folgte eine Wohnungsknappheit. 100 Menschen lebten unter katastrophalen hygienischen Zuständen zusammen in kleinen *Conventillos*, die vorwiegend in San Telmo und La Boca zu finden waren. 1871 gab es infolgedessen eine Gelbfieberepidemie. 8 % der Bevölkerung verlor in 3 Monaten ihr Leben. Aufgrund der Epidemie entschied man sich dazu, die Infrastruktur der Stadt zu verbessern, indem man Wasser- und Abwasserkanäle baute und Strom- und Gasleitungen verlegte. 1875 wurde die Müllabfuhr eingeführt.

Die große Anzahl an vorhandenen Arbeitskräften änderte die wirtschaftliche Situation von Buenos Aires von kleinen Farmwirtschaften zu einer industriellen Güterproduktion. 1876 bekam Buenos Aires die Chance, das argentinische Rumpsteak in die ganze Welt zu exportieren. Ab dem 20. Jahrhundert wurden elektrische Straßenbahnen in Betrieb genommen und eine räumliche Expansion von Buenos Aires begann. Immigranten ließen die Wirtschaft stetig wachsen. Auch heute erkennt man einen markanten architektonischen Unterschied von Buenos

Aires zu anderen südamerikanischen Städten, da diese sich an Paris und London orientierten. Der am Ende des 19. Jahrhunderts entstandene Friedhof von *Recoleta* ist ein perfektes Fallbeispiel für die Vorliebe der Argentinier für europäische Baukunst. Dieser Friedhof wurde eine der eindrucksvollsten Grabstätten Amerikas.

Was macht Buenos Aires aus

D er größte Anteil der Population lebt in Buenos Aires oder in der Provinz Buenos Aires. Die atemberaubende Stadt liegt im Osten von Argentinien und am Rio de la Plata. Fruchtbare Pampas, die die argentinische Landwirtschaft zu einer der besten weltweit machten, umgeben die Stadt. Eine Weltstadt, die günstig erkundet und genossen werden kann. Auf Deutsch heißt Buenos Aires „Gute Lüfte". Durch den hohen europäischen Einfluss bekam Buenos Aires den Spitznamen

„Das Paris von Südamerika". Zudem ist es als europäischste Stadt Lateinamerikas bekannt. Auch der berühmte Tango kommt aus Argentinien. Eine faszinierend leidenschaftliche Form des Tanzes. Buenos Aires besitzt 7 Erstligaclubs und hat sich damit den Titel „Welthauptstadt des Fußballs" erkämpft. 2005 wurde die Stadt von der UNESCO als Stadt des Designs ausgezeichnet. Dies ist heute noch klar erkennbar. Heutzutage findet man viele gleichförmige Bauplätze, die von den Besitzern individuell gestaltet wurden und immer noch werden.

Eine gleichförmige Gestaltung der Straßen war den Gründern von Buenos Aires nicht wichtig. Ergebnis davon sind heute die *Medianeras*. Dies sind graue Häuserseiten ohne Fenster, die aufgrund der unterschiedlichen Höhen der Häuser entstanden. Die *Medianeras* sind heute ein typisches Merkmal der Innenstadt von Buenos Aires. Zudem besitzt Buenos Aires eine markante Häufigkeit an *Ochavas*. Diese sind Häuser mit einer Schrägkante von 90°. 1883 bis 1887 entstanden große Boulevardstraßen. Zudem wurden Plätze angelegt und Bäume gepflanzt. Grüne Parks und prachtvolle Gebäude sind hier also keine Seltenheit. Die *Avenida de Mayo* entstand, die zum Symbol von Buenos Aires wurde. Sie verbindet den *Plaza de Mayo*, wo der Staatspräsident seinen Sitz hat, mit dem *Congresso*, dem Standort des Parlaments, über 2 Kilometer.

So eine unglaublich intelligent geplante Straßenstruktur war, um diese Zeit selten zu sehen. Buenos Aires war hier der absolute Vorreiter. Die Straße sollte dazu noch einen harmonischen Touch bekommen, indem man alle Häuser um diese Hauptstraße 25 Meter hoch baute. Diesen einzigartigen Charakter bekommen Sie nur in Buenos Aires zu sehen! Ein weiterer Beweis für die opulente Bauweise der Argentinier sind die Bahnhöfe in Retiro, Constitucion und Once, deren Vorhallen einer Kathedrale gleichen. Die U-Bahn entstand am Anfang des 20. Jahrhunderts. Diese bestand nur aus einer Linie, die 1930 erweitert wurde. Der Bau dieser Metro wurde zu einem Symbol der Eigenständigkeit. Ein anderes charakteristisches Merkmal von Buenos Aires sind die großflächigen Grünanlagen, die ab dem 19. Jahrhundert entstanden. Parks in verschiedenen Formen und Größen wurden Standard. Der Park *Tres de Febrero* ist heute einer der schönsten weltweit aufgrund seines japanischen Gartens. In Buenos Aires ist die kulturelle Vielfalt riesig. Von der armenischen bis zur deutschen Kultur finden hier alle ein Zuhause. Buenos Aires bietet Ihnen alles – außer Langeweile. Macht man eine Stadtrundfahrt durch Buenos Aires, kommt es einem vor, als hätte man mehrere Städte besichtigt und nicht nur eine. Zwischen den Stadtvierteln gibt es riesengroße Unterschiede. Dies macht Buenos Aires zu einer Stadt der Gegensätze. Zudem ist Buenos Aires auch die geschäftigste und eleganteste Stadt in Südamerika. Jede Woche finden glamouröse Tango-Partys statt, die eine leidenschaftliche Atmosphäre schaffen. Alles ist rund um die Uhr geöffnet. Die *Porteños* schlafen nicht.

Buenos Aires ist mittlerweile eine futuristische Stadt und besitzt den Grundriss eines Schachbretts. Nur noch wenige Bauwerke erinnern an die Herrschaft der Spanier. Mit ihren prachtvollen Bauten, Luxushotels, stattlichen *Avenidas* und Szenenviertel ist Buenos Aires die perfekte Hauptstadt. Der Mittelpunkt dieser wunderschönen Stadt ist der „*Plaza de Mayo*". Hier kann man die Geschichte von Buenos Aires spüren und das innerstädtische Leben Revue passieren lassen.

DIE PORTEÑOS UND IHRE CHARAKTERISTISCHEN STADTTEILE

Steht man auf dem Plaza de Mayo an einem wolkenlosen und warmen Tag, kann man einen näheren Blick auf die Einwohner von Buenos Aires werfen. Diese werden *Porteños* genannt. Hier kann man perfekt das argentinische Stereotyp überprüfen. Woran denken Sie? Haben Sie ein bestimmtes Stereotyp im Kopf? Man sagt den *Porteños* oft nach, dass sie eitel und arrogant wären. Auch fragt man sich, wann sie schlafen, wenn sie spät essen und spät tanzen gehen. Die argentinische Bevölkerung ist eigentlich sehr offen, freundlich, pflichtbewusst und gewissenhaft. Freunde und Verwandte werden mit Wangenküssen gegrüßt und gute Bekannte mit einem kräftigen Händedruck. Politik und Fußball stehen im Zentrum ihrer Gespräche. Zudem findet man eine gewisse Tiefgründigkeit in ihren Gesichtern und Worten. Dazu haben sie noch ein Faible fürs Lesen. In jedem Café, in das man schaut, sieht man junge Menschen, die plaudern oder lesen. Das Leben erscheint so leicht und sorgenfrei. Für die *Porteños* sind das Café sowie das Lesen ein wichtiger Teil der Kultur. Für die andere Frage konnte ich leider keine Lösung finden. Es bleibt wohl ein Rätsel. Die *Porteños* stammen ursprünglich von italienischen und spanischen Immigranten ab. Daher ist ihre Kultur so europäisch geprägt. Zudem sind sie stolz auf ihre Wurzeln und zeigen dies auch. Die Vielfalt dieser Kultur können Sie in Theatern, Restaurants, Galerien und Museen genießen und spüren.

Aufgrund der zunehmenden Einwanderung veränderte sich die Stadtstruktur und die Stadtteile differenzierten sich voneinander. Verbringt man einige Zeit in Buenos Aires, so merkt man, dass sich von Stadtviertel zu Stadtviertel das Erscheinungsbild ändert. Man erkennt die Vielfältigkeit dieser Stadt, die Buenos Aires zu einem meiner Lieblingsorte macht. Einmal hier gewesen, kann man Buenos Aires nicht vergessen. Zudem besteht die Stadt aus 48 unterschiedlichen Stadtteilen. Dennoch gibt es welche, die besonders herausstechen und aufgrund ihrer Attraktivität besonders sehenswert sind:

San Telmo ist das sogenannte Künstlerviertel. Hier wurden wichtige Maler der argentinischen Geschichte geboren. Altbauten aus dem 19. Jahrhundert prägen das Aussehen der Stadt maßgeblich.

Kunstgalerien, Bars und Street-Art-Bilder geben San Telmo einen gewissen Touch. Man merkt, dass die Kunst hier lebt und aufblüht. Zudem steht ein Großteil von San Telmo unter Denkmalschutz. Aber nicht nur Kunst steht hier an vorderster Front. Auch Tanz ist ein Merkmal dieses Stadtteils. Das Besuchen von Tango- oder La Boca-Shows in diesem Stadtteil ist essenziell. Diese Tänze spiegeln die Leidenschaft und die Eleganz der argentinischen Kultur wider. Der Antiquitätenhandel und der Flohmarkt blühen in diesem Stadtteil von Buenos Aires am größten. Alt gibt es hier nicht. Alles hat einen neuen Wiedererkennungswert. In San Telmo sind auch die berühmtesten Steakhäuser zu finden, denn die Argentinier lieben Fleisch. Pro Jahr isst eine argentinische Familie 600 Kilogramm Fleisch. Infolgedessen sind die *Porteños* unglaublich gut im Zubereiten ihrer Leibspeise. Schauen Sie einmal in einem der Steakhäuser vorbei. Sie werden es nicht bereuen. Zudem sind auch die Vegetarier hier gut versorgt, denn vegetarische Steakhäuser gibt es ebenfalls. Interessiert Sie eher die Geschichte, können Sie im Historischen Nationalmuseum vorbeischauen.

Der Stadtteil Palermo liegt am *Río de la Plata*

und bietet damit ein perfektes Ambiente für Spaziergänge am Ufer des Flusses mit der Brise im Rücken. Zudem ist er flächenmäßig der größte Stadtteil von Buenos Aires. Palermo ist wie eine Box voller kleiner Überraschungen. Das Viertel wurde untereinander nochmals in kleinere Viertel gespalten, da nicht nur Mode und Film hier vertreten sind, sondern auch Boheme, Luxus und traditionelle Gebäude im spanischen Stil vereint. Palermo ist optimal für ausgedehnte Shoppingtouren in besonders ausgefallen Modegeschäften sowie für den Besuch von Cocktailbars bei Nacht. Auch Restaurants mit verschiedenen Spezialitäten sind hier angesiedelt. Bei den jungen *Porteños* ist dieser Stadtteil besonders beliebt. Der *Parque Tres de Febrero* mit seinen Rosengärten und Seen ist der perfekte Ort für entspannte, ruhige Stunden sowie Picknicks. Zudem besitzt der Park auch noch ein Planetarium für die Astronomieliebhaber unter ihnen. Für die Kunstliebhaber schlage ich einen Besuch im Kunstmuseum MALBA vor, dass auch in Palermo lokalisiert ist.

Belgrano vereint drei verschiedene Nationalitäten. Die asiatisch-stämmige Bevölkerung findet hier ein eigenes kleines Chinatown oder auch *Barrio*

Chino mit asiatischem Streetfood, Supermärkten und Nudelrestaurants. Zudem ist auch ein Großteil der deutsch-argentinischen Bevölkerung vertreten. Hier wird das Belgranodeutsch gesprochen, das Deutsch mit spanischen Begriffen vereint. Auch findet sich hier in *Barrancas de Belgrano* eine Nachbildung der amerikanischen Freiheitsstatue. Es besteht aus mehreren verschiedenen Wohngebieten. Im Zentrum steht die *Avenida Cabildo*, eine Einkaufsstraße mit argentinischen Modemarken. Wenn Sie also die argentinische Modewelt kennenlernen wollen oder generell an Mode interessiert sind, ist Belgrano neben Palermo ein optimaler Ort. Im Park *Barrancas de Belgrano* finden Sie Darbietungen von Tangotanz und traditioneller argentinischer Musik in einem Musikpavillon. Hier können Sie hautnah argentinische Kultur erleben, picknicken und die abendliche Sommerluft genießen. Lieben Sie Fußball? Wenn ja, dann habe ich gute Nachrichten: In Belgrano steht das Stadion *El Monumental*, indem die argentinische Fußballmannschaft spielt.

Das **Barrio Puerto Madero** war ursprünglich ein kleiner Hafenort, der zum Großteil aber nicht genutzt wurde. Heute ist der Ort das komplette

Gegenteil von früher. Puerto Madero expandierte und bietet heute ein breites Spektrum an Aktivitäten und Sehenswürdigkeiten. Es wurde zum elegantesten Stadtteil von Buenos Aires. Hochhäuser, teure Restaurants und Parks sind prägende Merkmale Maderos. Zudem steht hier eine Vielzahl der atemberaubendsten argentinische Bauwerke. Bei einer Reise nach Buenos Aires müssen Sie unbedingt einen Blick in Puerto Madero werfen. Ich empfehle Ihnen eine Bootstour durch die schwimmenden Museen Sarmiento und Uruguay, die früher Schiffe waren. Nicht jeden Tag hat man die Möglichkeit auf dem offenen Gewässer Schiffswracks, die zu Museen geworden sind, zu besuchen. Es ist das Erlebnis schlechthin. Finden Sie nicht auch? In Madero ist die Anzahl an Joggern, Spaziergängern und Radfahrern relativ hoch. Das riesengroße Naturschutzgebiet sowie die Parks sind perfekte Orte, um seiner sportlichen Leidenschaft nachzugehen. Im Hafen von Puerto Madero steht die *Puente de la Mujer*, die berühmte Schrägseilbrücke. Nachts ist der Blick auf die *Puente de la Mujer* wunderschön. Die verschiedenen Lichter sorgen für einen spektakulären und großartigen Anblick. Apropos nachts: In Madero herrscht ein reges Nachtleben. Hier stehen eine Vielzahl von Buenos Aires' besten Clubs. Wollen Sie abends raus und eine unermüdliche Partynacht erleben? Dann sind Sie hier genau richtig.

Das Centro von Buenos Aires bilden die Barrios Retiro San Nicolás und Montserrat. Hier liegen das Finanz- und Einkaufszentrum von Buenos Aires und die drei Hauptstraßen *Avenida 9 de Julio*, *Avenida Rivadiva* und *Avenida de Mayo* kreuzen das Zentrum. Man findet in diesem Stadtteil die meisten Sehenswürdigkeiten und die prachtvollsten Bauwerke der Stadt. Der Bahnhof Retiro ist hierbei der zentrale Verkehrsknotenpunkt, von dem Regionalzüge und Stadtbusse fahren. Zugleich ist er auch der zentrale Busbahnhof. Obwohl das Zentrum im Theater Konkurrenz von Palermo bekommt, blieb es bis jetzt ungeschlagen. Das *Teatro Colón* und *Teatro San Martín* bieten den Besuchern immer noch spektakuläre Theatershows, an die palermische Theatershows nicht herankommen. Auf der *Avenida de Corrientes* finden Buchliebhaber eine Vielzahl an Buchläden, in denen oft Bücher auf Deutsch oder Englisch vorhanden sind. Die bekannteste Einkaufsstraße der Stadt ist die Fußgängerzone *Florida*, in der sich High-

Class-Boutiquen, Geschäfte und Juweliere befinden. Auch die Shopping-Galerie *Pacífico* ist hier lokalisiert.

Diese fünf Stadtviertel sind wesentliche Pfeiler und Repräsentanten der argentinischen Kultur und ein Muss bei einer Reise nach Buenos Aires. So eine vielfältige Lebensweise und -haltung findet man nicht oft. Buenos Aires strotzt vor Lebensfreude. Man kann sich von dem unterschiedlichen Flair und Charakteren hinreißen und verzaubern lassen. Wunderbare Tennisplätze und Sportkomplexe sowie Schwimmbäder versüßen Ihnen den Aufenthalt. Aber vergessen Sie nicht den anderen Stadtteilen von Buenos Aires auch ein Besuch abzustatten oder wenigstens hineinzuschnuppern. Jeder Stadtteil hat seinen eigenen Reiz und Charm, der ihn zu etwas ganz Besonderem macht.

DAS VERRÜCKTE NACHTLEBEN UND EVENTS

Lieben Sie es, abends rauszugehen und die ganze Nacht wach zu bleiben? Wollen Sie mit Ihren Freunden eine großartige Nacht erleben, an die Sie sich in zwei Jahren noch erinnern werden? Dann haben Sie mit Buenos Aires als Reiseziel die perfekte Wahl getroffen. Für die Partyliebhaber unter Ihnen habe ich noch ein paar Informationen zum Nachtleben in Buenos Aires:

Das Nachtleben in Buenos Aires ist überaus lebendig. Für die jungen und reichen *Porteños* ist eine spaßige und ordentlich gefeierte Party sehr wichtig. Ab 22 Uhr beginnt bei ihnen der nächtliche Spaß, nachdem sie ordentlich zu Abend gegessen haben. Zuerst verbringen sie Stunden in Bars oder Cafés und gehen nie vor 2 Uhr in die Clubs. Erst ab 2 Uhr wird es in Buenos Aires richtig interessant. Da die Argentinier nur in mäßigen Mengen Alkohol trinken, sind betrunkene *Porteños* äußerst selten. Offensichtliches Betrunkensein ist unter den stolzen Argentiniern verpönt. Je nachdem, in welchem Viertel Sie sich aufhalten oder in welchen Club Sie gehen, wird entweder mehr oder weniger schickere Kleidung erwartet. Dennoch ist ein gewisser Grad an eleganter Kleidung Pflicht. Auch darf Alkohol erst ab 18 Jahren konsumiert werden. In Palermo, San Telmo und Puerto Madero ist die Präsenz in Clubs und Bars am größten. Hier finden Sie nachts die größte Menge feiernden Volkes. Am Wochenende sind die Straßenterrassen rappelvoll, bis die Menschenmassen weiter in die Clubs ziehen. Von Donnerstag bis Samstag hat das Nachtleben seinen Höhepunkt. An den anderen Wochentagen ist eher weniger los. Es gibt eine Vielfalt an Clubs und Bars, die je nach Musikgeschmack variieren. Von Tangovorführungen bis zu Techno-Clubs ist alles vertreten. Die Mega Clubs von Buenos Aires sind das *Crobar*, das *Kika* und das *Pacha*. Mainstream-Musik, die besten DJs und Exklusivität sind hier gewährleistet. Party garantiert. Ein Klassiker in Buenos Aires sind die Ping-Pong- und Pool-Nächte in der Bar *San Bernardo*. Hier ist es eher Vintage und klassisch gehalten. Spielen und Bier sind hier Standard. Die Nacht ist lang, also schauen Sie ruhig vorbei.

Sind Sie Festival- oder Event-Fan? Dann werden Sie in Buenos Aires nicht enttäuscht. Das Musikfestival Lollapalooza findet Ende März statt. Von Mitte bis Ende April ist das Festival *Internacional de Cine Independiente* da. Sollten Sie also Filme lieben, könnte ein Besuch nicht schaden. Mitte April ist das *Arte BA* Event. Zeitgenössische Kunst wird hier präsentiert. Das Festival Pepsi Musik findet in der zweiten Jahreshälfte statt. Nationale und internationale Stars treten hier auf. Für Gitarrenliebhaber gibt es das Internationale Gitarrenfestival im Oktober. Sie können hier gute Live-Musik genießen.

PER BUS, U-BAHN UND TAXI DURCH BUENOS AIRES

Gerade am internationalen Flughafen Buenos Aires *Ezeiza* angekommen und müde von einem mehr als 15 Stunden-Flug ist es vollkommen verständlich, dass Sie so schnell wie möglich in Ihrem Hotel ankommen wollen, um sich auszuruhen. Ein Taxi direkt vom Flughafen an Ihren Zielort zu nehmen, ist relativ teuer. Um Ihnen den Weg zu vereinfachen, zeige ich Ihnen verschiedene Möglichkeiten, um vom Flughafen in die Innenstadt zu kommen. Am besten finde ich die *Manuel Tienda Leon*. Die Busgesellschaft mit einem orangen Löwenkopf als Logo bringt

Sie sicher und entspannt zum Terminal Madero, das in der Nähe vom Hauptbahnhof Retiro liegt. Am Hauptbahnhof angekommen, können Sie für einen kleinen Aufpreis von 35 Pesos ein Sammeltaxi bekommen, das Sie direkt an Ihr Ziel fährt. Die unbeschwerliche Busfahrt dauert 35 bis 45 Minuten, je nach Verkehrsaufkommen. In dem Preis von 130 Pesos ist auch ein sicherer Gepäcktransport enthalten. Dieser Bustransfer kommt alle 30 bis 60 Minuten und fährt 24 Stunden am Tag. Eine Alternative dazu ist der Aerobus *Ezeiza*, der alle 30 Minuten zur Avenida Belgrano in der Nähe von Puerto Madero fährt. Inklusive eines Gepäckstücks kostet die Fahrt 70 Pesos. Die Busse fahren von 8.45 bis 18.45.

Für einen deutlich höheren Preis können Sie auch Kleinbusse oder private Taxis nehmen, um ein wenig mehr Luxus zu genießen. Die deutlich günstigere Variante sind die öffentlichen Verkehrsmittel. Die Linie 51 bringt Sie vom Flughafen nach *Constitución* und die Linie 8 zum *Plaza de Mayo*. So können Sie unmittelbar nach der Ankunft einen ersten Blick auf Buenos Aires erhaschen. Dies kostet nur 9 Pesos. Ja, es ist definitiv unglaublich günstig. Aber ich rate Ihnen zur Manuel Tienda Leon, da sie komfortabler und einfacher zu Nutzen ist.

Das Wichtigste, woran Sie beim Fahren im öffentlichen Verkehr denken müssen – egal, ob mit Taxi oder Bus – sind die Kreuzungen. Ich schlage Ihnen vor, am besten eine Karte dabeizuhaben. In Buenos Aires wird nämlich immer die Kreuzung angegeben, an der sich die Straße befindet. Man gewöhnt sich aber relativ schnell an das System in Buenos Aires. Sind Sie zu Fuß unterwegs und wollen jemanden nach dem Weg fragen, wird dieser Ihnen sicher mit *Cuadros* antworten, was so viel wie Blocks heißt. Dies ist auf die quadratische Stadtstruktur von Buenos Aires zurückzuführen. Sie müssen sich keine Sorgen machen, wenn Sie sich völlig verirrt haben. Die Argentinier sind überaus freundlich und hilfsbereit und helfen Ihnen sicherlich, den richtigen Weg zu finden. Um mit den öffentlichen Verkehrsmitteln zu fahren, brauchen Sie eine Sube-Karte, die Sie an Kiosken und Poststellen einmalig für 30 Pesos kaufen und aufladen können. Ist die Karte aufgeladen, nennen Sie beim Einsteigen in den Bus dem Fahrer Ihr Ziel (die jeweilige Kreuzung). Auf einem kleinen gelben Kasten taucht dann der Fahrpreis auf. Halten Sie einfach die Karte daran. Kein Kramen nach

Münzen oder Scheinen. Alles läuft völlig bargeldlos.

Kleiner Insider-Tipp: Halten Sie auf keinen Fall die Karte daran, bevor der Preis aufgetaucht ist, sonst beeinträchtigen Sie das System und der Busfahrer wird vielleicht sauer. Zudem kostet das Fahren mit Bus um die 3,50 Pesos und mit der U-Bahn um die 4,50 Pesos. Das Fahren mit dem Bus ist in Buenos Aires überaus interessant. Es gibt keine expliziten Namen für die Haltestellen und auch keine genauen Fahrzeiten. Meistens befinden sich die Haltestellen an den Kreuzungen. An Bäumen oder Pfählen hängen Nummernschilder, die die Buslinie angeben. Aber Sie können sich sicher sein, dass ein Bus kommt. Meistens muss man nicht lange warten. Auf den Schildern kann man ablesen, an welchen Straßen der Bus entlangfährt. Beim Aussteigen sollten sie den Stopp-Knopf rechtzeitig drücken oder Sie verpassen Ihr Ziel. Merken Sie sich, welche Kreuzungen vor Ihrem Ziel kommen, und drücken Sie bereits Stopp, wenn Sie drei bis vier Blocks vor Ihrem Ziel sind. Eine weitere Option, sich in Buenos Aires günstig fortzubewegen, ist das Taxi.

Die schwarz-gelben Fahrzeuge sind sehr leicht zu erkennen, flexibel und im Überfluss vorhanden.

Ist das Taxi frei, steht meist an der Frontscheibe *Libre* und Sie können das Taxi per Handzeichen anhalten, um es zu nutzen. Nennen Sie auch beim Taxifahren dem Fahrer die Kreuzung. Die Taxifahrer sind meist geduldig, freundlich und helfen Ihnen aus, wenn Sie nicht klarkommen. Ein Trinkgeld ist dennoch nicht üblich. Die U-Bahn oder auch *Subte* von Buenos Aires ist auch ein sehr praktisches Transportmittel. Da es nur 6 U-Bahnlinien hat, ist das Fahren mit der Subte überschaubar und problemlos. Falls Sie sich einmal völlig frei ohne bestimmtes Ziel in Buenos Aires fortbewegen wollen, empfehle ich Ihnen die Buslinien 64, 152 und 15. Die Busse fahren durch verschiedene Stadtteile und Sie entscheiden, wo Sie aussteigen wollen und was Sie sich anschauen möchten.

Um mit allen viel einfacher klarzukommen, gebe ich Ihnen einen Tipp: Installieren Sie sich die App BA *Cómo llegó*. Sie beinhaltet eine offizielle Karte von Buenos Aires. Zudem informiert sie Sie darüber, welche der 110 vorhandenen Bus- oder U-Bahnlinien Sie an Ihr gewünschtes Ziel bringt, inklusive Fahrzeiten und Fußwegen. Die App ist praktisch und macht Ihnen das Fahren im öffentlichen Verkehr überschaubarer. Sic können auch den *Guía T* kaufen. Es ist ein kleines Büchlein mit dem Stadtplan von Buenos Aires mit allen Buslinien. Im Straßenverzeichnis suchen Sie Ihre Straße und schauen auf der jeweiligen Seite, welcher Bus Ihre Straße kreuzt oder anfährt.

Wirtschaftlich korrekt

Um einen tieferen Blick in die innere Struktur von Buenos Aires zu werfen, will ich Ihnen ein bisschen von Buenos Aires' Wirtschaft erzählen. Somit haben Sie ein besseres Verständnis darüber, wie die *Porteños* Ihr tägliches Brot verdienen und können sich – falls Sie Lust haben – etwas die argentinische Wirtschaft kennenlernen. In Wirtschaftsgebieten ist das Treiben der *Porteños* am aktivsten. Sie werden sehen. Lauter Menschen, die schnell laufen und hastig Spanisch am Telefon

sprechen. Es ist ein kleines Erlebnis mit einer beson-
deren Note von Finesse.

Buenos Aires ist eine der größten Wirtschafts-
metropolen in Lateinamerika. Buenos Aires' Metro-
polwirtschaft folgt nach der Größe Mexico City und
Sao Paulo. In der reichen Provinz stehen Viehzucht
und industrielle Fertigung in der Autoindustrie im
Vordergrund. Buenos Aires ist zudem eine auto-
nome Wirtschaftsmetropole und wichtigste Wirt-
schaftsregion des Landes. Die meisten Industrien
befinden sich im Umkreis der Hauptstadt. Die Stahl-
industrie befindet sich zum Beispiel nur 75 Kilometer von Buenos Aires entfernt. Die Hauptstadt ist
auch reich an Erdölraffinerien, da das Vorkommen
von Erdöl hier relativ hoch ist. Einer der wichtigsten
argentinischen Seehäfen am Río de la Plata steht in
Buenos Aires. Der Fluss verbindet den Handel der
Hauptstadt mit den nordargentinischen Regionen.
In den Vorstädten südöstlich von Buenos Aires liegen viele industrielle Betriebe. Im Süden und Wes-
ten von Buenos Aires ist die Lebensmittel- und Tex-
tilindustrie größtenteils lokalisiert. Zudem sind im
Süden auch neue Gewerbeparks und Unternehmen,
die ihren Unternehmenssitz verlagert haben.

Buenos Aires erwirtschaftet ¼ des Bruttoinlandsproduktes. Das Wirtschaftsherz ist die Innenstadt mit ihren Geschäftsvierteln und der Finanzplatz an den Kreuzungen *Bartolomé Mitre* und *San Martín*. Die Skyline des nördlich vom Stadtkern lokalisierten Finanzviertels ist geprägt von modernen Wolkenkratzern. Am Finanzplatz spielt die Getreidebörse eine wichtige Rolle. Im Geschäftsviertel von Buenos Aires stehen die meisten Dienstleistungsunternehmen Argentiniens. Die Techint Group, eines der größten Unternehmen Lateinamerikas, hat seinen Sitz in Buenos Aires. Das Unternehmen ist im Bauwesen und in der Stahlproduktion tätig. Es gehört zu den 15 umsatzstärksten Konzernen Lateinamerikas. Ein weiterer großer Konzern in Buenos Aires ist die Repsol YPF, ein Petrochemie-Unternehmen. Die Repsol YPF ist Marktführer in Argentinien und Spanien.

Ich hoffe, dass mein kleiner Exkurs in den Bereich Wirtschaft Sie nicht gelangweilt hat.

Buenos Aires und Natur

Buenos Aires ist nicht nur ein haupturbanes und kulturelles Ziel, sondern hat auch Naturschutzgebiete und mehr als 600 Hektar Grünfläche zu bieten. Diese können Sie entdecken, erleben, genießen und lieben lernen.

Die Tier- und Pflanzenwelt von Buenos Aires ist ziemlich unterschiedlich. Das liegt an den verschiedenen Lebensräumen in Argentinien. In den um Buenos Aires liegenden Pampas leben verschiedene Tierarten, wie das Gürteltier, der Mähnenwolf, der

Pampafuchs, die Pampakatze, Nandus, Falken und Reiher. Wenn Sie Glück haben, finden Sie eines dieser Tiere in den Naturschutzgebieten von Buenos Aires vor. Die Pampa ist eine Baum-arme, weite Grünfläche. Auf Wanderwegen wurden aber Eukalyptusbäume, amerikanische Platanen und Akazien gepflanzt. Außerdem gleicht die Pampa einem feuchten Prärie-Ökosystem, die die Wirtschaft von Buenos Aires fördert. Sie ist das Gebiet, das weltweit am meisten landwirtschaftlich-produktiv ist. Die Ceibo-Pflanze ist die Nationalblume Argentiniens.

In Buenos Aires haben wir ein geringes Vorkommen an Pumas. Sie bevorzugen eher den subtropischen Norden. Vor 100 Jahren gab es Jaguare in Buenos Aires. Diese wurden wegen ihres Fells gejagt. Heute sind nur noch wenige in den Wäldern von Buenos Aires zu finden. Auch das Marsh-Reh und das Pampa-Reh waren früher multipel vorhanden. Auch findet man nur noch wenige Säugetiere in Buenos Aires vor. Man stößt weiterhin auf spezielle Nagetiere, wie Ratten, Mäuse, Otter und Meerschweinchen. Wollen Sie das seltene Rotohr-Opossum sehen? Das finden Sie in den botanischen Gärten von Buenos Aires. Im Frühling und Sommer können Sie die insektenfressenden Fledermäuse sehen. Die am häufigsten vorkommenden Arten sind die Brasilianische Freischwanz-Fledermaus und die Eisgraue Fledermaus. Reptilien sieht man öfter. Sie entspannen oft im Sonnenlicht, um ihre Temperatur aufrechtzuerhalten. Oftmals sieht man den schwarz-weiß Teju, der die Straßen und Wege der Bioreservate von Buenos Aires kreuzt. Die Artenvielfalt der Amphibien und Reptilien liegt an den feucht klimatischen Bedingungen in Buenos Aires. Frösche und Kröten sind daher nicht selten. Diese sieht man meist bei Regenfall.

Die argentinische Meereswelt ist reich an unterschiedlichen Säugetierarten, wie Delfinen, Orcas, Walen und Haien. Aufgrund dessen sind Seefische wie Sardinen, argentinische Hechte, Delfinfleisch, Lachs und Haifleisch in vielen Restaurants vorhanden. Zudem findet man den Dorado-Fisch im Río de la Plata.

Cultura Argentina

rgentinien wurde durch die europäische Kultur geprägt. Buenos Aires ist ein Mix der europäischen Kultur aus den letzten 200 Jahren. Stile aus der Kolonialzeit sowie traditionelle Einrichtungen prägen das Stadtinnere zusätzlich. Aus der Zeit der Immigrationswelle erhielt Buenos Aires zum Beispiel sein heute bekanntes kulturelles Erbe und seine Vielfalt an kulturellen Gütern. Diese Mischung des Volkes durch Einwanderer macht sich nicht nur in der Kultur bemerkbar, sondern auch in der Sprache. Auch ist Buenos Aires wegen seiner reichen Geschichte bekannt, die auf den historischen

Plätzen, in der Vielzahl an Museen, den lokalen Kulturschätzen und den geschichtsträchtigen Stadtvierteln zum Vorschein kommt. Die Hauptstadt belegte den 91. Platz bei einer Studie, die die Städte nach ihrer Lebensqualität ordnete. Zahlreiche Bibliotheken, Zoos, botanische Gärten und Kirchen sind prägende Merkmale von Buenos Aires.

Buenos Aires besitzt eine riesige Theater- und Musicalszene. Die Konzentration der aktivsten Theater von Lateinamerika ist hier am höchsten. In Buenos Aires sind vor allem das berühmte *Teatro Colón* und das Nationaltheater *Teatro Cervantes* bekannt. Mit 187 Theatersälen verfügt Buenos Aires über die meisten der Welt. Auf der *Avenida Corrientes* stehen die meisten Theater. Die Avenida ist aufgrund dessen als „Broadway von Buenos Aires" bekannt. Im Hochsommer können Sie sich hier mehr als 400 verschiedene Theateraufführungen ansehen. So eine riesige Auswahl habe ich noch nie gesehen!

Das größte argentinische Kulturgut ist der Tango. Buenos Aires ist die Welthauptstadt des Tangos. Jedes Jahr finden Tangofestivals und -weltmeisterschaften statt. Zudem gibt es mehr als 70 Konzerte an verschiedenen Veranstaltungsorten in

Buenos Aires. Die Tangoshows auf den Straßen im Stadtteil La Boca und die tanzenden Paare auf dem Plaza Dorrego in San Telmo sind überaus bekannt. Viele Touristen verschlägt es deshalb nach La Boca. Der Milonga und der Vals sind zwei weitere Tanzstile, die mit dem Tango verwandt sind. Die beliebtesten *Milongas*, Tanzlokale, wo sich Tangotänzer zum Tanzen treffen, sind das *Esquina Carlos Gordel*, das *Bocatango El Querandi* oder das *Piazolla*. Carlos Gardel ist der berühmteste Tangosänger und -komponist. Für Argentinier ist der Text in Tangoliedern wichtig. Sie enthalten eine spezielle Form der Poesie und Redewendungen in Lunfardo. Die Textdichtung und tänzerische Interpretation sind wichtige Aspekte des Tangos. Der Tango enthält die kulturelle Identität der *Porteños*. Im Stadtteil Abasto stehen ein ihm gewidmetes Museum und eine Statue zu seinen Ehren. In ländlichen Gebieten sind die Folkmusik und der Folkloretanz beliebt. Sie sind eine Mischung aus einheimischen und europäischen Stilen.

Die *Porteños* sind riesige Jazz-Fans. Seit den 1990er-Jahren wird jährlich ein Jazz Festival organisiert, dessen Location sich von Jahr zu Jahr ändert. Die Beliebtheit der klassischen Musik in Buenos

Aires spiegelt sich im Philharmonischen Orchester des *Teatro Colón* wider.

Die argentinische Kultur löste sich im 19. Jahrhundert von der spanischen und wurde unabhängig. Die Argentinier fingen an, das Leben der *Gauchos* in ihren Büchern zu thematisieren. Die *Gauchos* waren Nachkommen iberischer Einwanderer und *Indigenas*, die Viehzucht in der Pampa betrieben. So fügten die Argentinier ihrer Literatur eine nationale Note hinzu. In der Literatur der Argentinier sind der europäische und ganz besonders der französische Einfluss stark erkennbar.

Die Kunst spielt in Argentinien eine wichtige Rolle. Die argentinische Malerei gehört zu den führenden von Südamerika. Sie wurde nicht von indigenen Einflüssen, sondern von der klassischen Moderne Europas beeinflusst. Heute fließt Graffiti, Street-Art und New Pop ebenfalls ein. Die bedeutendsten Museen sind das *Museo Nacional de Bellas Artes*, das internationale Kunst vom Mittelalter bis zum 20. Jahrhundert ausstellt, und das *Museo Nacional der Arte Decorativo*, welches eine umfangreiche Sammlung an Gemälden, Mobiliar, Skulpturen und ostasiatischer Kunst besitzt. Es gibt aber noch eine

Vielzahl an weiteren interessanten Museen. Meine persönlichen Favoriten sind das MALBA, das latein-amerikanische Kunst präsentiert, und das MACBA, das zeitgenössische Kunst ausstellt. Die Museen gefallen mir aufgrund der Modernität der Location und der außergewöhnlichen Kunstobjekte, die einen zum Nachdenken und Grübeln anregen.

Die Geschichte Argentiniens wird im Histori-schen Nationalmuseum in San Telmo ausgelegt. Dort lernen Sie die facettenreiche Geschichte von Argen-tinien näher kennen.

Der Fußball und der Pferdesport sind die domi-nierenden Sportarten in Buenos Aires. 1893 wurde der argentinische Fußballverband AFA gegründet und ist damit einer der ältesten weltweit. Fußball ist mehr eine nationale Leidenschaft als ein Spiel. Die erfolgreichsten Erstligavereine in Argentinien sind der CA Boca Juniors und der CA River Plate. Ein Derby zwischen ihnen wird *Superclásico* genannt. Die Atmosphäre in der Stadt ist bei einem anstehen-den *Superclásico* berauschend und motoviert einen zum Mitfeiern. Buenos Aires wird auch Hauptstadt des Fußballs genannt. Stolze 14 Stadien, die für mehr als 30.000 Zuschauer Platz bieten, stehen in der

Hauptstadt. Zudem stammen 13 der 20 Fußball-mannschaften des Landes aus Buenos Aires. Auch besitzt Buenos Aires eine der größten Hooliganszenen, die sogenannten *„Barras Bravas“*. Nach dem Fußball folgt das Pferderennen. Die bekanntesten Rennbahnen sind in Palermo. Die Oberschicht der *Porteños* spielt gern Polo.

In Buenos Aires stehen über 3.500 Restaurants, die einheimische und internationale Küche anbieten. Der Klassiker ist die Pasta der

italo-argentinischen Küche und das über offenem Feuer gebratene *Asado* aus der kreolischen Küche. Als beste Steaks sind die argentinischen bekannt. Auch die verschiedenen argentinischen Weine haben sich weltweit einen Namen gemacht. Diese decken eine breite Geschmacksskala ab.

Die Argentinier bezeichnen ihre Sprache als *Castellano*. Der Dialekt, der in Buenos Aires und in weiteren großen Städten gesprochen wurde, wurde durch die spanische Sprache beeinflusst und ist als Rio-Plata-Spanisch bekannt. Lunfardo ist eine Art Jargon, der Wörter aus dem italienischen Dialekt und Wörter aus der brasilianischen, portugiesischen und afrikanischen Sprache benutzt. Auch das

Englisch von den karibischen Inseln ist im Lunfardo klar erkennbar. Der Jargon wurde von Gefangenen und der Unterklasse in der zweiten Hälfte des 19. Jahrhunderts entwickelt. Lunfardo ist eher umgangssprachlich und wird daher nicht bei förmlichen Gelegenheiten verwendet. Zudem werden im Lunfardo Silben innerhalb eines Wortes gedreht.

Einige der Berühmtheiten, die in Argentinien lebten, waren René Goscinny, der Mitautor von Asterix und Obelix, sowie Marcel Duchamp, ein Künstler und Wegbereiter des Dadaismus und des Surrealismus.

Sehenswürdigkeiten

In Buenos Aires gibt es außergewöhnliche Sehenswürdigkeiten und interessante Aktivitäten in Hülle und Fülle. An jedem Ort und an jeder Ecke kann man etwas Sehenswertes entdecken. Neben den bereits genannten Sehenswürdigkeiten wie dem *Puente de la Mujer*, dem Obelisken von Buenos Aires oder den Theatern von Buenos Aires gibt es noch mehr beachtenswerte Sehenswürdigkeiten zu sehen.

Interessiert Sie die außergewöhnliche Architektur der argentinischen Bauwerke? Dann schlage ich Ihnen vor, sich den ***Palacio Barolo*** anzuschauen. Es ist ein 22-stöckiges Bürogebäude, das zwischen 1919 und 1923 gebaut wurde und verschiedene Architekturstile kombiniert. Der Aufbau des Gebäudes lehnt sich an Dante Alighieris Göttliche Komödie an. Die 22 Etagen sind in drei Abschnitte eingeteilt, die von unten nach oben Hölle, Fegefeuer und Himmel darstellen. Das Besondere an diesem Gebäude ist der Leuchtturm, der auf dem Dach steht, den man sogar in Montevideo (Uruguay) sehen kann. Zu seiner Zeit war das Palacio das höchste Gebäude in seiner Region. Das Palacio Barolo ist ein Symbol für Kreativität und Respekt vor der Umwelt. Ein Ticket für die Barolo Palace Guide Tour kostet um die 20 Euro und ist für Kinder unter 11 Jahren frei.

Ein weiteres, architektonisch sehenswertes Bauwerk ist die *Catedral Metropolitana de Buenos Aires*. Sie ist die Haupt- und Mutterkirche der Katholiken und des Erzbistums. In dieser Kathedrale sind verschiedene Architekturstile vermischt. Auf den Wänden und Decken der Kathedrale findet man biblische Szenen und auf dem Boden Mosaike im venezianischen Stil wieder. Das wichtigste Element ist ein hölzernes Altarretabel aus der Kolonialzeit, die die Jungfrau Maria und die Dreifaltigkeit zeigt. Unter der Kirche befindet sich ein Mausoleum. Dort befinden sich die sterblichen Überreste verschiedener Generäle. Die Überreste von General José de San Martín befinden sich in einem schwarzen Sarkophag, der von drei lebensgroßen weiblichen, Statuen bewacht wird. Diese Statuen repräsentieren Argentinien, Chile und Peru. Die Kathedrale besitzt ein dazugehöriges Museum (*Museo Cardenal Jorge Mario Bergoglio*), das dem Papst Franziskus gewidmet ist. Aufgrund des hohen religiösen Werts dieser Kirche für die Argentinier kostet eine Tour hier um die 150 Euro.

Naturliebhabern empfehle ich den ***Jardín Botánico Carlos Thays***. Es ist ein botanischer Garten im Stadtteil Palermo. Im Garten findet man 5000 verschiedene Spezies von Pflanzen und Bäumen sowie Skulpturen und Gewächshäuser. Der Garten wurde in die römisch-antike, die französische und in die orientalische Zone geteilt. Ich persönlich kann als Pflanzendilettant sagen, dass der Besuch dieses botanischen Gartens ein einmaliges und lehrreiches Erlebnis war. Man erlebt die Natur aus einem anderen Blickwinkel und wird von der Schönheit der Pflanzen überwältigt. Im Jardín können sie an

Führungen, Kursen, Workshops, Konferenzen oder Seminaren zu den Themen Pflanzenschutz, Biodiversität, Botanik und Landschaft teilnehmen. Montags und dienstags ist der botanische Garten geschlossen. Von Mittwoch bis Freitag ist er von 8 bis 18.45 Uhr offen und samstags und sonntags von 9.30 bis 18.45 Uhr.

Wollen Sie ein paar Souvenirs für Ihre Verwandten und Freunde kaufen oder einfach nur einen Tag einfach mit Shoppen verbringen, rate ich Ihnen zur **Galerías Pacífico**. Natürlich gibt es weitere optimale Shoppingmöglichkeiten. Shoppingavenidas und -centers gibt es in Buenos Aires im Überfluss. Im Center befinden sich 150 verschiedene Geschäfte und 18 verschiedene Restaurants. Als Tourist können Sie sogar steuerfrei einkaufen gegen Vorlage Ihres Passes oder Ausweises. Zudem kriegen Sie auch Prämienrabatte. In der *Galerías Pacífico* kann man gleichzeitig shoppen, essen und sehenswerte Architektur bewundern. Der Innenraum besteht aus sich kreuzenden Straßen, Glasgewölben und Kuppeln. Wollen Sie nur die Architektur bewundern, können Sie eine Führung von 20 Minuten machen. Die *Galerías* hat von Montag bis Sonntag von 10 bis 21 Uhr geöffnet.

Sind Sie eine Leseratte? Dann schlage ich vor, dass Sie in die Buchhandlung *El Alteneo Grand Splendid* gehen. Es gibt noch andere unzählige Büchergeschäfte, aber das Grand Splendid bietet ein ganz anderes Flair. Es wurde zu einer der schönsten Buchhandlungen der Welt gewählt. Eine Vielzahl von Bücherregalen schmücken den Innenraum des ehemaligen Theaters. Wollen Sie ein Buch lesen, können Sie sich einfach eines schnappen und sich in die Loge setzen. Man könnte hier Stunden verbringen. Deswegen wurde auch ein Café im großen Saal eröffnet, wo man sich etwas gegen den kleinen Hunger oder Durst kaufen kann. Die Buchhandlung hat von Montag bis Donnerstag von 9 bis 22 Uhr, freitags und samstags von 9 Uhr bis Mitternacht und sonntags von 12 bis 22 Uhr. Wollen Sie also Historie erleben, ein Buch lesen und dabei einen Cappuccino, Espresso oder Latte Macchiato bis tief in den Abend genießen? Dann sind Sie hier gut aufgehoben.

Im *Reserva Ecologica de Buenos Aires*, das sich zwischen dem Río de la Plata und dem Puerto Madero befindet, können Sie sich ein paar ruhige Stunden nach dem Regen und dem lauten argentinischen

Leben gönnen. Nur Sie und die Natur. Und vielleicht noch ein paar andere gleich gesinnte Besucher. 575 Pflanzen- und 307 Vogelarten sind hier zu finden. Wenn sie Glück haben, entdecken Sie eventuell ein paar Sumpfbiber im Gewässer. Das Gebiet eignet sich perfekt für eine Fahrradtour mit Freunden oder Familie.

Das sich im Kids-Park befindende ***Playa de Buenos Aires*** ist der einzige Strand in Buenos Aires. Alle Aktivitäten dort sind kostenlos. Sie können sich sportlich auf dem Beachvolleyball-, Strandfußball- oder Tennisfeld betätigen. Es gibt Wasserkatapulte und Lesesektoren, in der verschiedene Leseaktivitäten für Groß und Klein angeboten werden. Zudem gibt es kostenlose Schachkurse, -turniere und -spiele für alle Altersgruppen. Auch Workshops, Tanzkurse, Fahrradfahrunterricht, eine Rennstrecke, einen Henna-Tattoo-Sektor, eine Tischtennisplatte und einen Sektor mit Riesenspielen kann man hier vorfinden. An den Strand grenzt der Indo-American Park und der *Parque de los Niños*. Freitags, samstags und sonntags gibt es verschiedene Musikshows für die ganze Familie. Weitere attraktive Aktivitäten sind das riesige Labyrinth, das Luftfußballfeld und die

250 Meter lange Seilrutsche. Sollte der Strand voll sein, was relativ oft der Fall ist, empfehle ich Ihnen als Ausweichmöglichkeit das Strandbad Quilmes, das 25 Kilometer von Buenos Aires liegt. Das Baden jedoch ist verboten. Dennoch können Sie einen wunderschönen Ausblick und etwas zu Essen und Trinken in den schönen Restaurants und Bars genießen. Mit der Buslinie 85A oder 585 kommen Sie ganz einfach zum Bahnhof Quilmes. Die Fahrt dauert circa 1 Stunde mit den öffentlichen Verkehrsmitteln und 40 Minuten mit dem Auto.

In Buenos Aires gibt es verschiedene Märkte, auf denen Sie schlendern und die Zeit ein bisschen vergeuden können. Samstags findet in Palermo der **Kunstmarkt** statt. Dieser hat von 10 bis 20 Uhr geöffnet. Hier finden Sie eine Menge an authentischen und handgemachten Souvenirs. Um die Ecke finden Sie eines der besten Third-Wave-Cafés, indem Sie sich eine kleine Pause vom Gehen gönnen können. Sonntags gibt es den **San Telmo Trödelmarkt**. Dieser hat von 10 bis 17 Uhr geöffnet. Zudem ist er bei den Einheimischen und Touristen ein beliebtes Einkaufsziel. Noch so am Rande: Zweimal im Monat findet ein **Food Nachtmarkt** in Buenos Aires statt. Die

Location ändert sich ständig und deswegen müssen Sie auf der offiziellen Website nachschauen, wo und wann der Nachtmarkt stattfindet. Wenn Sie Glück haben, treffen Sie den Markt während Ihres Aufenthalts an.

Wollen Sie ein schönes Abendessen und dabei einen schönen Ausblick genießen? Dann besuchen Sie die **Roof Top Bar** des Alvear Icon Hotels oder die **Skybar** des Pulitzer Hotels. Ziehen Sie sich schick und elegant an und verbringen Sie einen schönen Abend mit Ihrem Liebsten oder Ihren Freunden. Zum Cocktail kriegt man außerdem einen schönen Sonnenuntergang kostenlos dazu.

Nächtigen und Speisen

In Buenos Aires finden Sie verschiedene argentinische Spezialitäten, die Sie unbedingt probieren sollten. Die argentinische Küche besitzt eine der kulinarisch verrücktesten und leckersten Leckereien der Welt. Wie schon gesagt, lieben die *Porteños* Fleisch. Ich möchte Ihnen ans Herz legen, eine **Parilla** zu essen, wenn Sie die Möglichkeit dazu haben. Sie werden es nicht bereuen. Die *Parillas* sind in den gleichnamigen Restaurants, den *Parillas,* zu finden. Bei den *Parillas* handelt es sich um mariniertes

Grillfleisch. Die Zartheit und die Marinade des Flei-
sches werden Ihren Gaumen verzaubern. Ich empfehle Ihnen, diese Marinade mit dem ***Bife de Chorizo***
(Sirloinsteak) oder ***Ojo de Bife*** (Ribeye) zu genießen
und dazu ein Glas Malbec zu trinken. Als Beilage zu
Ihrem Fleisch können Sie eine ***Chimichurri*** bestel-
len. Diese Soße ist leicht scharf und enthält viel
Knoblauch und Chili. Sind Sie gerade in Buenos Aires
unterwegs und haben keine Zeit, einen etwas längeren Stopp zu machen, um etwas zu essen, können Sie
sich eine ***Empanada*** holen. Sie ist perfekt für unterwegs. Eigentlich sind die *Empanadas* in ganz Südamerika verbreitet. Dennoch unterscheidet sich die
argentinische Zubereitung von den anderen. In Teig-
taschen werden Fleisch, Kartoffeln, gekochte Eier
und Frühlingszwiebeln gefüllt. Es entsteht eine typi-
sche *Empanada salteña*. Sie finden sie in Eckgeschäf-
ten und bei Straßenhändlern. Ein oft im Winter zu-
bereitetes Gericht ist der Eintopf ***Carbonada***.

Er ist sehr herzhaft und wird mit Fleisch, Kartoffeln, Karotten, Paprika und Mais zubereitet. In einem
ausgehölten Kürbis wird dieser dann auf einem
Grillrost zubereitet. Mein Lieblingsnachtisch in Buenos Aires sind die ***Alfarores con Dulce de Leche***.

Diese Dulce de Leche ist eine sehr süße Paste aus karamellisierter Kondensmilch, die in die *Alfajores* gefüllt wird. Zwei Kekse werden mit der Dulce zusammengeklebt und in Schokolade oder Kokosraspeln getaucht. Zum Frühstück können Sie eine **Media Luna** verzehren. Sie sind eine Art Croissant, die man mit Butter oder Schmalz essen kann. **Tipp:** Mit Butter sind sie viel süßer. Man bestreicht diese *Media Lunas* mit einer Zuckerglasur und genießt sie zusammen mit Kaffee. In La Boca ist das **Choripán** ein typisches Gericht. Es ist eine Art Sandwich, das oft mit *Chimchurri* garniert wird. Im französischen Baguette befindet sich eine saftige Wurst. Sollten Sie sich einmal in einem Tangorestaurant in La Boca aufhalten, vergessen Sie nicht einen *Choripán* zu essen.

In Argentinien wird relativ spät zu Abend gegessen. Das Abendessen beginnt um 21 Uhr mit einer *entrada* (Vorspeise). Es folgt der *plato* (Hauptgang). Meist handelt es sich dabei um ein Fleisch-, Fisch-, Geflügelgericht oder Pasta. Als Beilage nimmt man Salat, Pommes oder Salzkartoffeln. Zum Nachtisch gibt es Käse, Karamellpudding, ein Eis oder einen Obstsalat. Mittags essen die *Porteños* vorwiegend ein Steak mit Tomatensalat, ein Kartoffelomelett, ein dünnes Schnitzel (*milanesas*), Hamburger oder Toast mit Schinken und Käse. Wie Sie sehen, haben Sie eine große Auswahl an Essensmöglichkeiten. Also probieren Sie nach Herzenslust aus, was Ihnen gefällt. Das Frühstück ist den *Porteños* nicht wichtig. Sie trinken Kaffee oder Tee und essen dazu ein Hörnchen oder *tostadas*. Meine persönlichen Top-3-Restaurants sind:

1. *Los Platitos*, ein Steakhouse mit besonders feurigem Flair, in *Costanera Norte* und *El Pobre Luis*, eine Parilla in Chinatown mit den verschiedensten Köstlichkeiten.

2. *La Mezetta*, eine Pizzeria mit argentinisch-italienischer Geschichte und *Sacro*, ein Veggie-Burgerladen mit international inspirierten Gerichten.

Und zum Schluss auf Platz 3 die *Sunae Asian Cantina*, ein Restaurant mit der gewissen Schärfe und *Anchoita*, ein Restaurant im Industriestil mit einem Hang zu Show und Action.

Traditionell trinken Argentinier zum Essen einen vollmundigen Wein. Als sechstgrößter Weinproduzent hat Buenos Aires eine riesige Auswahl an erlesenen Weinen. Ob säuerlich oder süßlich, Sie finden alles, was Ihnen beliebt. Sie können einen schönen Sonnenuntergang mit einem Glas Wein in der Hand und Sonnenstrahlen auf der Haut spürend einen romantisch-schönen Abend einleiten. Dieser Anblick ist atemberaubend schön und gibt Ihnen ein Gefühl von Leichtigkeit. Wein ist in Argentinien sehr preiswert zu bekommen. Ab 2 Euro kriegt man einen guten und unter 10 Euro einen Spitzenwein. Ich empfehle Ihnen die Weinsorten *Borgoña*, *Malbec*, *Cabernet Sauvignon* und *Syrah*. Auch der traditionelle *vino patero* schmeckt außerordentlich gut.

Er ist süß und günstig. Mögen Sie aber lieber etwas, das mit Kohlensäure versetzt ist, dann nehmen Sie den New Age Wein. Im Herbst gibt es in Mendoza das *Fiesta de la Vendimia*, ein großes Weinlese-Spektakel mit Musik und Theater. In Mendoza spielt der Wein eine wichtige Rolle. Morgens wird gern ein Mate-Tee getrunken. Der Mate-Tee ist das argentinische Nationalgetränk. Es handelt sich um einen Kräutertee, der aus dem Yerba-Mate-Kraut gewonnen wird. Die Zubereitung des Tees ist in Argentinien ein wichtiger Teil des Alltags und Tradition. Der Kaffee ist bei den *Porteños* ausgesprochen beliebt. Zu jeder Tageszeit trinken sie gern einen *Cafecito* (kleine Tasse mit schwarzem Kaffee und Zucker).

Die Liebe der *Porteños* zu ihrem Kaffee ist an der zahlreichen Vielfalt von Cafés deutlich erkennbar. Neben dem Mate-Tee und dem Kaffee haben die Argentinier auch ein Faible für schwarzen Tee und Kräutertee. Mögen Sie es lieber mit mehr Milch, dann probieren sie mal den *submarino*. Es ist ein heißes Milchgetränk, in den ein Schokoriegel getunkt und gelöst wird. Meine Lieblingscafés in Buenos Aires sind das *Café Martinez* und das *Las Violetas*. Das *Café Martinez* ist mir durch die besondere Zubereitung und Präsentation ihrer Getränke aufgefallen. Selten sieht man ein Café, in dem die Getränke aussehen wie pure Kunst. Das *Las Violettas* gefällt mir aufgrund der ausgefallenen Location und den Beilagen und Desserts, die sie zu ihren Getränken anbieten. Auch Bier wird in Argentinien gern getrunken. Die größten Biermarken sind *Quilmes*, *Brahma* und *Isenbeck*.

Außerdem verkauft Quilmes auch Schwarzbiere wie *Bock* und *Stout*. Vereinzelt gibt es auch nordamerikanische und europäische Marken. Wollen Sie aber lieber ein etwas schmackhafteres Premium-Bier trinken, dann empfehle ich Ihnen, eine Brauerei zu besuchen. Die Sexton Beer Company und die *Casa*

Malta sind meiner Meinung nach zwei der besten Brauereien von Buenos Aires. Beide sind handwerklich geprägt. Sie müssen sich also keine Sorgen machen. In Buenos Aires sind Sie gut mit Bier versorgt, falls Sie einen lockeren und spaßigen Abend mit Ihren Freunden verbringen wollen. Weitere traditionelle Spirituosen sind die *caña* mit einem Alkoholgehalt zwischen 15 % und 25 % und die *ginebra*, eine argentinische Variante des Gins. Ein sehr beliebter Likör ist der *Dulce-de-leche-Likör*, der aus Karamellcreme besteht. Buenos Aires ist ein kultureller Mix verschiedener Nationalitäten. Mixdrinks sind daher sehr beliebt. Am besten ist der *Fernet con coca*, ein Mix aus Fernet-Branca und Cola. Meine Top-3-Bars sind die Flux Bar, die Indoor Bar und die Caracas Bar. Da ich ausgefallene Locations, Essen, gute Musik und verrückte Cocktails liebe, gefallen mir diese Bars am besten. Falls Sie Ihnen nicht gefallen sollten, seien Sie nicht beunruhigt. Buenos Aires hat eine große Bandbreite an Bars, die an Ihre Interessen angepasst ist.

Als Tourist haben Sie in Buenos Aires eine große Auswahl an Hotels, Apartments und Hostels, in denen Sie übernachten können. Die Stadtteile Palermo,

San Telmo, Microcentro und Puerto Madero eignen sich dafür am besten. Sie liegen alle zentral und haben alles, was sie benötigen, in ihrer Umgebung. Ob Supermarkt, Restaurant, Bar oder Club. Es ist nicht weit. Auch ist der öffentliche Nahverkehr besser strukturiert. Wollen Sie den schönsten Ausblick auf Buenos Aires, dann probieren Sie das *Gran Hotel Panamericano* in der Nähe der *Avenida 9 de Julio*. Je nachdem, welches Zimmer Sie nehmen, kostet Sie hier eine Nacht ab 50 Euro. Ohne Reue, kann ich sagen. Der Preis lohnt sich für die Aussicht. Wollen Sie den puren Luxus leben? Dann sage ich: „Willkommen im Hilton Buenos Aires". Eine Nacht kostet Sie hier 200 Euro und mehr. Wollen Sie es günstig und praktisch, kann ich Ihnen meine Top-4-Hotels nennen: Das *Exe Hotel Colón*, das *Unique Art Madero*, das *Unique Palacio San Telmo* und das *Boho Rooms*. Sie sind hier gut aufgehoben.

Extras und Tipps

Ich könnte Ihnen unendlich viele Dinge über Buenos Aires erzählen. Aber mir ist es lieber, wenn Sie Buenos Aires selbst entdecken und lieben lernen.

1)Um in Buenos Aires unterwegs klarzukommen, benötigen Sie natürlich mobile Daten. Die drei größten Telefonanbieter in Buenos Aires sind *Claro*, *Movistar* und *Personal*. SIM-Karten finden Sie in Shops (in Shoppingcentern) und Einkaufsstraßen. Meiner Meinung nach ist *Claro* eine gute Wahl. Eine SIM-Karte von *Claro* kostet 10 Pesos. Sie kriegen für 3 Pesos täglich 15 Megabyte. Ihr Guthaben können

Sie in Kiosken aufladen. Die Nummern in Argentinien haben 10 Ziffern und beginnen mit der 11.

Tipp: Bargeldloses Reisen ist in Südamerika keine gute Idee, da viele Gaststätten, Busunternehmen etc. keine Kredit- oder Bankkarten akzeptieren. Haben Sie keine Pesos oder Dollars zur Hand, müssen Sie zu Banken gehen, die leider eine Rarität sind. Auch die Öffnungszeiten sind sehr unvorteilhaft. Wechseln Sie daher Ihr Geld bei der Ankunft am Flughafen Ezeiza in der *Banco Nación*. Private Wechselbuden berechnen Ihnen einen unerhört teuren Zuschlag.

Tipp: Während der Rush-Hour (7 bis 9 Uhr und 18 bis 20 Uhr) sollten Sie das Fahren mit öffentlichen Verkehrsmitteln wie Bussen oder U-Bahnen sein lassen, da es zu dieser Zeit häufiger zu Taschendiebstählen kommt. Das Taxifahren ist zu dieser Zeit die sicherste Methode.

2)Argentinien ist ein sehr kinderfreundliches Land. Daher ist das Freizeitangebot für Kinder auch sehr breit gefächert. Falls Sie in Buenos Aires mit Kindern unterwegs sind, brauchen Sie sich keine Sorgen darum machen, dass diese sich während der kulturellen Reise langweilen. Museen veranstalten oft Sonderausstellungen extra für die Kinder. Im *Museo de los Niños* (im Shoppingzentrum Abasto) können die Kinder spielerisch die Berufe kennenlernen. Der Eintritt kostet für die Kinder 50 und für die Erwachsenen 20 Pesos. Interessiert sich Ihr Kind für die Meeresbiologie? Dann sind Sie im Museo del Mar in Mar del Plata gut aufgehoben. Dort gibt es 30000 verschiedene Muscheln sowie Salz- und Süßwasserfische, die in großen Aquarien schwimmen. Kinder zahlen 20 und die Erwachsenen 30 Pesos für einen unvergesslichen Tag mit der argentinischen Meeresvielfalt. Die *Biblioteca La Nube* ist eine große Kinderbibliothek, die eine Vielzahl an Aktivitäten für Kinder an Wochenenden anbietet.

3)Falls Sie sich dazu entscheiden, sich in Buenos Aires mit einem Mietwagen fortzubewegen, dann empfehle ich Ihnen, diesen bereits in Deutschland zu buchen. Eine lokale Buchung in Buenos Aires kostet Sie einige Euros mehr. Sie benötigen keinen internationalen Führerschein. Zum Mietwagen sollten Sie eine Vollkaskoversicherung abschließen. Die ist meist im Preis enthalten. Überprüfen Sie, ob in Ihrem Mietwagen Warndreieck und Feuerlöscher enthalten sind, da das Mitführen Pflicht ist.

Geschwindigkeitsbegrenzungen werden in Buenos Aires streng kontrolliert. Fahren Sie also auf keinen Fall schneller als erlaubt. In Ortschaften sind 40 bis 60 km/h, auf Landstraßen 80 bis 110 km/h und auf Autobahnen bis zu 130 km/h erlaubt. Mehr als 0,5 Promille sind nicht erlaubt. Die Vorfahrtsregeln werden in Buenos Aires locker genommen. Deswegen bauen Sie lieber immer Blickkontakt zu den anderen Verkehrsteilnehmern auf. Die Tankstellen sind in Buenos Aires rund um die Uhr geöffnet. Als Tourist können Sie auch Mitglied im *Automóvil Club Argentino* werden. Neben technischen Hilfeleistungen und zuverlässigen Straßenkarten erhalten Sie auch einen Preisnachlass in zahlreichen Hotels.

4)Notrufnummern: Allgemeiner Notruf – 911, Polizei – 101, Notarzt – 107 und Feuerwehr – 100

Tipp: Die Behandlung in öffentlichen Krankenhäusern ist frei. In privaten Praxen und Kliniken gelten Sie als Privatpatient und benötigen dafür eine private Reisekrankenversicherung.

5)Buenos Aires ist für sein mildes Klima bekannt und eignet sich daher über das ganze Jahr als optimales Reiseziel. Von Dezember bis Februar ist es dort am heißesten. Zudem wirkt die Stadt in den

Sommermonaten ruhiger, da viele *Porteños* selbst in den Urlaub fahren. Falls Sie sich aber dazu entscheiden, im südamerikanischen Winter zu verreisen (von Juni bis August) gibt es auch spannende Wintersport- und Kulturangebote in den Bergen von Buenos Aires. Meiner Meinung nach eignet sich das Reisen nach Buenos Aires im März oder April, da die Sonne viel scheint, es aber nicht erdrückend heiß ist oder im Oktober, wo sie angenehme, sonnige Frühlingstage genießen können. Je nachdem, wie gut Sie mit dem Wetter klarkommen, haben Sie verschiedene Reisemöglichkeiten.

6) Es ist nicht erlaubt, Pflanzen und frische Lebensmittel einzuführen. Waren mit einem Wert bis zu 300 Euro sowie Einkäufe im Duty-Free-Shop bis zu 300 Euro sind vom Zoll befreit. Bei Ihrer Rückreise dürfen Sie 1 Liter Spirituosen, bis zu 200 Zigaretten und weitere Waren mit einem Wert bis zu 430 Euro.

Tipp: Es gibt ein spezielles Polizeirevier für Touristen, das *Comisaría del Turista de la Policía Federal Argentina*.

Tipp: Für in Buenos Aires gekaufte Waren sollten Sie lieber den Zahlzettel behalten, da es sein könnte, dass der Zoll bei der Ausfuhr danach fragt.

Tipp: Falls Sie einen längeren Aufenthalt (mehr als 2 Wochen) in Buenos Aires planen, dann sollten Sie sich lieber ein Apartment nehmen.

Tipp: Nehmen Sie einen Reiseadapter mit, da in Argentinien andere Steckdosen verwendet werden.

7)Generell sollten Sie immer ein Ausweisdokument dabei haben. Egal, ob Reisepass oder Personalausweis.

8)Aufgrund der anhaltenden Inflation in Buenos Aires sind die meisten Dinge dort wesentlich günstiger als in Deutschland. Mit 10 bis 25 Euro pro Tag können Sie einen spaßigen Tag mit Ihrer Familie oder eine luxuriöse Shoppingtour mit Ihren Freunden haben und es bliebe immer noch Geld übrig.

Tipp: Nehmen Sie sich in Buenos Aires nicht zu viel vor. Planen Sie Pufferzeiten und Abweichungen in Ihren Zeitplan ein, da es die Argentinier mit der Pünktlichkeit nicht so genau nehmen.

Tipp: Auf Märkten sollten Sie auf jeden Fall verhandeln, sonst zahlen Sie am Ende mehr. Wenn möglich, informieren Sie sich bei der lokalen Bevölkerung über den derzeitigen Preis.

9)In Buenos Aires sprechen wenige *Porteños*

Englisch. Selbst im Zentrum der Stadt wird die Sprache wenig gesprochen. Oftmals verstehen die *Porteños* dennoch auch mit sprachlichen Barrieren, was Sie meinen. Solide Grundkenntnisse in Spanisch wären hier trotzdem von Vorteil.

Tipp: Probieren Sie unbedingt ein Eis der lokalen Eisketten. In Buenos Aires wird das beste Eis der Welt verkauft. Die italienischen Kollegen liegen leider weiter hinten, was die Qualität und den Geschmack des Eises angeht.

10)Die größten Supermarktketten in Buenos Aires sind *Jumbo*, *Dia* und *Carrefour*. Alles für Ihren persönlichen Bedarf finden Sie meist hier. Der Lebensmittelpreis unterscheidet sich kaum von den europäischen Lebensmittelpreisen. Kosmetik- und Hygieneartikel sind aber teurer. Es gibt neben den großen Ketten genug kleinere Geschäfte und Läden, in denen Sie ebenso Ihre Einkäufe erledigen können. Die Öffnungszeiten unterscheiden sich geringfügig.

Tipp: Schwarzer Pfeffer ist in Argentinien teuer und eine Seltenheit. Selbst die meisten Restaurants bieten keinen Pfeffer an. Deswegen sollten Sie sich Pfeffer mitnehmen, falls Sie Ihr Essen nicht ohne genießen möchten.

Faktisch Buenos Aires

-Argentiniens Staatsoberhaupt ist Alberto Ángel Fernández.

-Buenos Aires liegt 25 Meter über dem Meer und ist 200 Kilometer von der Küste entfernt.

-Seit 1857 ist Buenos Aires als Großstadt bekannt.

-Sie ist die Hauptstadt des 8. größten Landes der Welt und des 2. größten Landes von Südamerika.

-4 Millionen Touristen besuchen die argentinische Hauptstadt pro Jahr.

-55 Museen schmücken Buenos Aires.

-70 historische Cafés existieren in Buenos Aires aufgrund der langen Kaffeehaus-Tradition.

-Die *Avenida 9 de Julio* ist 140 Meter breit und hat 12 Fahrbahnen.

-1913 wurde die argentinische U-Bahn gegründet, die heute als älteste Metro Lateinamerikas bekannt ist.

-Aufgrund von Buenos Aires besitzt Argentinien die drittstärkste Wirtschaft in Südamerika.

-12 Fußballclubs aus Buenos Aires spielen in der *Primera División*.

-Das höchste Gebäude ist der Alvear Tower.

-Wenn in Deutschland Winter ist, ist in Argentinien Sommer.

-In Buenos Aires ist es 4 Stunden früher als in Deutschland.

-Die Argentinier sind sehr religiös. 90 % sind Katholiken. Aufgrund dessen stehen viele religiöse Stätten in Buenos Aires.

-Unternehmen, die Produkte importieren, müssen auch Produkte exportieren. Aufgrund dessen exportiert BMW argentinischen Reis und Porsche Olivenöl. Aufgrund dieser Regel gibt es auch kaum iPhones oder iPads in Argentinien, da diese sich nicht an die Exportregel binden wollten.

-In Buenos Aires herrscht die höchste Psychiater- und Psychologendichte.

-In Argentinien gibt es 19 gesetzlich bezahlte Feiertage.

-Die argentinische Polonationalmannschaft ist Rekordweltmeister. Bereits 4-mal haben sie den Weltmeistertitel gewonnen.

-Pünktlichkeit wird bei privaten Treffen oder Feiern locker gesehen. Pünktlich sein wird eher als unhöflich angesehen. Daher ist eine Verspätung von 30 bis 60 Minuten nicht unüblich.

-In Restaurants ist es normal, dass pro Tisch bezahlt wird. So steuert jeder Gast seinen individuellen Beitrag zum Trinkgeld hinzu.

-Rauchen ist in Argentinien weitverbreitet. Unter den *Porteños* ist es daher üblich, seinen Begleitern immer eine Zigarette anzubieten. Dies wird von ihnen als höflich erachtet. Auf Nichtraucher wird wenig acht genommen.

-Allzu große Freizügigkeit wird in der Innenstadt nicht gern gesehen.

-Der Dress-Code einer Party oder Veranstaltung ist äußerst wichtig und wird von den *Porteños* ernst genommen. Achten Sie deshalb immer auf den Dress-Code.

-Die Familie hat in Argentinien einen hohen Stellenwert.

-Gähnen sowie Essen und Trinken in der Öffentlichkeit sind unhöflich und nicht gern gesehen.

-Das Abstützen der Hände in den Hüften kann als eine offensive Geste erachtet werden.

-In der Öffentlichkeit sollte man sich nur auf Sitzmöbel und auf keine Gegenstände wie Tische, Autos und andere setzen.

-Auch das feste Zuschlagen von Autotüren wird in Buenos Aires nicht gern gesehen. Schlagen Sie daher die Autotür sanft zu.

Adios!

Wir sind am Ende unserer Städtereise durch Buenos Aires angekommen. Sie haben nicht nur etwas über die Geschichte und die Sehenswürdigkeiten gelernt, sondern auch, was Buenos Aires so besonders für mich macht, die vielfältige Kultur und die unterschiedlichen Charaktere dieser Stadt. Buenos Aires ist eine lebendige und liebenswürdige Stadt. Einmal dort gewesen, kann man sie nicht vergessen. Man möchte noch einmal hin und die Kultur von Neuem entdecken. Ich kann Ihnen sagen, dass 2 Wochen nicht ausreichen, um ganz Buenos Aires kennenzulernen.

Was Buenos Aires an Sehenswürdigkeiten fehlt, macht es durch kulturellen Charme und atemberaubend schöne Dingen wieder wett. Cafés, Parks, botanische Gärten und Reservate mit einer unglaublichen Tier und Pflanzenwelt, Aussichten, die Sie die ganze Stadt übersehen lassen, Sonnenuntergänge, die die Stadt in ein tiefes Rot tauchen, schlaflose Nächte auf den unvergesslichsten Partys, leidenschaftliche Tangotänze auf den Straßen, Kunst, die Ihnen einen anderen Blickwinkel zeigt und so weiter. Ich kann nicht aufhören zu schwärmen. Zum Schluss möchte ich ihnen ans Herz legen, Buenos Aires wirklich einen Besuch abzustatten. Sie werden es nicht bereuen, sondern unvergessliche und fantastische Erinnerungen für die Zukunft gewinnen.

Hasta Luego!

Packliste

Geld & Finanzen

O (evtl.) Auslandswährung

O Bargeld

O Bauchtasche

O Brustbeutel

O Bauchtasche

O EC-Karte

O Kreditkarte

O Notfall-Telefonnummern der Banken

O Portmonee

Hygiene

O Haarbürste / Kamm

O Deo (klein)

O Shampoo

O Kulturtasche

O Sonnencreme

O Taschentücher

O Reise-Zahnbürste und Zahnpasta

O Verhütungsmittel

Kleidung

O Badeklamotten

O Gürtel

O Hosen kurz / lang

O Mütze / Cap / Hut

O Pullover

O Regenjacke

O Schlafanzug

O Socken

O Sonnenbrille

O Sportklamotten / Jogginghose

O T-Shirts

O Unterwäsche

Medikamente

O Blasenpflaster

O Anti-Durchfalltabletten

O Erste-Hilfe-Set

O Fiebertabletten

O Fiebertabletten

O Mückenschutz

O sonstige Medikamente

O Pflaster

O Kopfschmerztabletten

Unterlagen & Papiere

O ADAC Unterlagen

O Adresslisten für Postkarten

O Krankversicherungsnachweis

O Stadtplan

O Führerschein

O Unterlagen für die Unterkunft

O Wasserdichte Hülle für Reiseunterlagen

O Impfausweis

O Mietwagenunterlagen

O Personalausweis

O Reisepass

O Reisetagebuch

O evtl. Studentenausweis

O evtl. Visum
O Zug- / Bahn- / Flugticket

Taschen & Rucksäcke

O Koffer / Trolley / Reisetasche
O Regenhülle für Rucksack
O Rucksack

Schuhe

O Badeschlappen / Hausschuhe
O Schuhe und Wechselschuhe

Sonstiges

O Brille / Kontaktlinsen und Etui
O Buch zum Lesen
O Ohrenstöpsel und Schlafmaske
O Regenschirm
O Reisedecke
O Wasserflasche
O Wörterbuch

Elektronik

O Digitalkamera
O Handy
O Ladekabel
O Kopfhörer
O evtl. Steckdosenadapter
O Power-Bank

Herstellung und Verlag:

BoD – Books on Demand, Norderstedt

ISBN: 9783751931564